JN438575

바다를 읽는 시간

남낙현 시집

오늘의문학사

국립중앙도서관 출판시도서목록(CIP)

바다를 읽는 시간 : 남낙현 시집 / 남낙현 [지음]. --
[대전] : 오늘의문학사, 2014
p. ; cm. -- (오늘의문학시인선 ; 329)

ISBN 978-89-5669-599-0 03810 : ₩8000

한국 현대시[韓國 現代詩]

811.7-KDC5
895.715-DDC21 CIP2014005286

바다를 읽는 시간

■ 시인의 말

섬에서 쓴 작품들을 모아

2009년부터 2년여 동안 태안해안국립공원 안에 위치한 장고도분교에서 분교장으로 근무한 적이 있습니다. 장고도라는 섬은 대천항에서 여객선으로 1시간 10분 정도 소요되는 곳으로 하루에 4회 정도 여객선이 운행되지요. 평소 지은 죄(?)가 많아서 그런지 쉰 살이 넘어 유배지인 먼 섬에 근무하게 되었답니다. 물 설고 낯 설은 섬에서 2년여 동안 생활하면서 끄적거려 쓴 시들이 시집 2권 분량은 족히 넘었는데 육지에 나와 확인해 보았더니 노트북에 저장해놓은 작품들이 다 날아가 버렸습니다. 컴퓨터라는 기계를 너무 맹신(盲信)한 우둔함이 빚어낸 참극이었습니다.

여기 실린 바다에 대한 작품들은 다행히 카페에 올렸던 작품들을 찾아내어 정리한 것들입니다. 바다가 잔잔할 때에는 사람들에게 끝없는 고요와 평화를 주지만 폭풍우가 몰아치는 바다에서는 사람 목숨 하나쯤 앗아가는 일이 순식간에 일어나기도 합니다. 스토리 텔링으로 바다 이야기를 펼쳐 놓습니다. 재미있는 바다 이야기들을 더 많이 들려주지 못함이 아쉽습니다.

||| **목차**

2부 주요 일간신문/잡지/시비에 실린 작품들

3부 문학평론 | 문학, 바다를 품다

1부

바다는 시집이다

바다는 시집이다

바닷가를 걷노라면
누구나 다 시인이 된다.
발에 밟히는 모래와
파도소리조차 다 시다.
사람들은 바닷가에 오면
누구나 다 드넓은 망망대해에
쪽배를 타고 나서는 상상을 한다.
상상 그 자체만으로
황홀해진다.
바다 위를 나는 갈매기 떼
거기 누워있는 섬 하나
가끔 떠오르는 구름도
시가 된다.
바다 바람을 쐬고
집에 와 누워도
오래도록 기억 속에 남는 바다
아주 긴 여운이 된다.
두고 온 바다 풍경은
내 시집의 시퍼런 표지다.

바다가 내게로 온다

바닷가에 서 있으면
바다가 내게로 온다.
바다도 나만큼
사람이 그리운 모양이다.

바닷가에 서 있으면
멀리 누워있던 섬도
일어나 내게로 온다.
섬도
망망대해에 누워있기가
지루한 모양이다.

바닷가에 서면
파도소리도 내게로 온다.

파도소리가
성큼 성큼 다가와

내 귀에 대고
간지럼을 핀다.

바다가 내게로 와
내 품에 안기면
나도 어느새 바다가 된다.

바닷가에서

바닷가 외딴 민박집 한 채
담도 없고 대문도 없다.
문을 열면 바로 바다가 보이고
파도소리가 방안으로 기어 들어온다.
짭조름한 바다내음이 물씬 풍기는
바닷가 민박집
피곤한 몸을 민박집 방바닥에 눕히자
파도소리가 먼저 들어와 내 옆에 눕는다.
물이 빠지고 드러난 갯벌
사람들이 조개를 잡기 위해
갯벌 군데군데 파 헤쳐 놓은
바다의 상처가 깊다.
구두 밑창에 달라붙은 파도소리를 털며
바닷가를 걸었다.
먼 바다로 나갔다가
다시 흘러들어오는 바닷물들이
갯벌에 생긴 상처를 보듬는다.
바닷가를 걷다가 돌아와
바다를 껴안고 잠을 청하자

꿈속으로 바다가 통째로 들어와 나를 덮쳤다.
나를 덮친 바다는
이상하게도 홑이불처럼 가벼웠다.
나는 홑이불 같은 바다를 끌어 덮고
혼곤한 잠에 빠졌다.

등대 1

바다 한 가운데
외로이 서 있는
등대 하나
지나가는 배 한 척이 없어
오늘도 하루 종일 심심하다.

한 밤중 졸리는 눈을 껌벅이는 등대는
이따금
갈매기들이 찾아와
지친 날개를 접으며 쉬었다 가고

이따금
바다를 건너온 바람이
아픈 다리를 펴며 쉬었다 가고

이따금
거친 물살을 가르던 파도가
가쁜 숨을 몰아쉬며 잠시 쉬었다 간다.

등대 2

캄캄한 밤 망망대해를
지나가는 배 한 척을 위해
커다란 눈망울을 껌벅거리는
등대는 밤낮으로
팽팽한 긴장의 끈을 놓지 않는다.

심연의 바다 정해진 한 곳에 서서
섬이 되었다가
바람이 되었다가
파도가 되었다가
불빛이 되기도 하는
등대의 숨은 내력을 쉽게 알 수가 없다.

먼 바다를 건너온 햇살이 몇 개
한적한 바닷가에 서 있는 등대 위에
쪼그리고 앉아
젖은 깃털을 고르고 있다.

바다를 읽다

연신 파도는 바다라는
거대한 책장의 페이지를 넘긴다.
책장을 넘기면
물고기가 파닥거리고
책장을 넘기면
물안개가 피어오른다.

또 하나의 책장을 넘기면
물결이 출렁거리고
책장 위로 돛단배 한 척이
미끄러져 들어온다.

바다를 읽다보면
행간에 쳐 놓은 그물 사이로
섬 하나가 걸려든다.

책장을 덮자
수런거리던 파도소리가 잦아들고
바다위로 날아오르던 갈매기 한 마리

날개를 접고
책장 속으로 숨어든다.

지금은
바다를 읽는 시간.

머드 비누

화장실 세면대 위에 놓인
머드비누를 보면
말랑말랑하며 검붉은 갯벌이 떠오른다.
비누의 속내를 들여다보면
어떻게 갯벌 진흙이 비누가 되었을까
참 신기하기만 하다.
미끌미끌한 머드비누 거품이
바다내음을 풍기며
알몸 위에서 살살 녹아내린다.
욕조 가득 출렁이는 바다
날마다 몸집이 작아질수록
머드비누는 제 이름 값을 하려고
무던히 애를 쓴다.
이제 얼마 남지 않은 목숨
까만 방울토마토만 해진 머드 비누는
캄캄한 심해(深海)처럼
생각이 더욱 깊어진다.

해녀

해녀인 해남 댁은 고무로 된 잠수복을 입고
시퍼런 바다 속을 헤집고 다닌다.
차디찬 가을바람이 역력한대도
해남 댁은 바다에 나가 물질을 하고는
거뭇거뭇 해질녘이 되어서야 돌아온다.
해남 댁이 건져 올린 망태 속에는
소라며 전복이며 해삼이 들어있다.
어떤 때에는 홀쭉해진 망태 속에는 해산물 대신
허연 배를 뒤집어 보이는 낮달도 보인다.
빨래 줄에 널어놓은 해녀의 잠수복은
풍선처럼 빵빵하게 부풀어 올랐다.
마치 속을 다 자식들에게 내어주고
속은 텅텅 비어 있는
해남 댁의 홀쭉해진 배(腹)와 같다.
깊은 잠에 빠진 해남 댁은
새우처럼 옆으로 누워
바다 속을 헤매는 꿈을 꾼다.
평생 물질을 했어도 여태 건어 올리지 못한
그 무엇이 있는 모양이다.

염전 1

염전 가득
바닷물을 가두어 놓고
땡볕에 말린다.

염전에 갇힌 바닷물의 꿈은
늘 바다 쪽으로 향하고 있다.
고향인 바다가 그리운 모양이다.

마침내 바닷물은
쨍쨍 내리쬐는 햇볕에 온몸을 맡긴 채
꿈을 말리고
그리움을 말리고
목숨을 말린다.

햇살 속으로
바람 속으로
흔적도 없이 사라져 간 바닷물은
염전 가득 짜디짠 소금을 남긴다.

바닷물은 살아서
사람들을 이롭게 하더니
죽어서도
하얗게 빛을 낸다.

바다 풍경

컴퓨터 바탕 화면에는
외로운 섬 하나 한가로이 떠 있는
바다풍경이 깔려 있다.
언제 한번 바다에 가보지 하면서
엄두도 못 냈다.

컴퓨터 전원을 끄자
바다 풍경이 사라지고
컴퓨터 화면에 있던 섬 하나,
파도에 쓸려 사라진다.
전원을 꺼버린 컴퓨터는 내가 집에 없는 동안
사나흘 바다 속으로 수장될 것이다.

사람을 집어 삼킬 듯 바람이 분다.
거센 바람소리에 겁에 질려
서해 바다 끝자락 민박집
낡은 간판이 파르르 떤다.

민박집 마당 한 가운데를
가로 지르는 빨랫줄에 매달린
이름 모를 생선 몇 마리
바람에 꿈틀거리며 흔들리고 있다.
생선은 죽어서도
바닷 속 같은 허공을 활보한다.

민박집 귀퉁이 방에 처박혀 창문을 열고
바다를 바라다본다.
바람이 거세질수록
바다를 건너오는 파도소리가 더 깊고 웅장하다.

나는 컴퓨터 바탕 화면에 깔
바다 풍경 하나를 카메라에 담아 들고는
바다 풍경을 반으로 접고
또 반으로 접어
꼬깃꼬깃 호주머니 속에 넣어둔다.

조개구이

조개구이를 먹기 위해
석쇠를 가운데에 두고 빙 둘러 앉았다.
참조개, 바지락, 개조개, 비단 가리비 등등
조개 이름도 참 많다.
석쇠 위에서 조개가 지글지글 익어 갈 때에
비로소 조개는 입을 벌린다.
지금껏 누구에게도 보여주지 않았던 조개는
뽀얀 속살을 내보인다.
갯벌 속에 누워있던 조개들의 녹녹한 삶의 자취가
석쇠 위에서 와르르 부서져 내렸다.
주름진 조개의 나이테 속에서
길게 뻗은 조개의 맨발도 보인다.
서쪽 하늘 귀퉁이에 펼쳐 놓은 조각구름 저 멀리
하얀 달빛이 차오르는 백사장을 떠올리며
우리는 소주잔을 삼켰다.
지글 지글 익어가는 하얀 조갯살 위로
더욱 짜디짠 슬픔들이 되살아났다.
하얀 몸 열어 보이는 바닷 속 궁전
조개는 이글거리는 석쇠 위에

평생 껴안고 살아온
작은 바다 하나를 풀어 놓는다.

밀물

손님처럼 밀려왔다가
때가 되자
손님처럼 빠져나간다.

썰물

오랜만에 바닷가를 찾은
아내는 내내 즐겁다.
아내는 바다를 보며 사과를 깎는다.

사각사각 빨간 껍질이 벗겨지며
드러나는 하얀 속살
아내는 사과를 먹기 좋게
적당히 잘라 둥근 접시에 담는다.
어느새 접시에 사과 향기가 가득하다.

빙 둘러 앉은 사람들이
잘라 놓은 과육 한 점씩을
포크로 찍어 날름 먹는다.

서서히 비어져 가는 접시
서서히 물이 빠지는 바다

독도

울릉도에서 뱃길로2시간 반 거리
우리 국토의 막내둥이
망망대해 혼자는 외로워
둘이 함께 서 있는 쌍둥이 섬
빛의 축제도 열리고시 낭송대회도 열리고
관광객들이 줄지어 찾아오고
외로운 그 이름 獨島는 외롭지 않다.
이제 온 세상 사람들이
비로소 독도에 관심을 갖게
되어 외롭지 않다.

바다 이야기

바닷가 가득 출렁이는 바다가
한 나절이 지나자
바닷물이 빠져나갔다.
텅 비어 있는 바다

그 많던 물이 다 어디로 갔나요?
아이가 궁금한 듯 물었다.
풍선처럼 빵빵하던 바다에
바닷물이 빠져 홀쭉해졌단다.

다시 바람이 불어오면
풍선처럼 물이 들어와
빵빵해진단다.

등대 3

망망대해 바다 한가운데
우뚝 솟은 바위섬 등대는
외로움으로 철저히 무장되어 있다.

등대의 임무는
지나가는 배에게
불빛을 쏘아 방향을 잃지 않도록
알려주는 것이지만
이따금 등대는 제 임무를 망각하고 지낸다.

캄캄한 밤 지나가는 배 한 척
등대를 향해 슬쩍 말을 걸지만
등대는 졸리운 듯 눈만 껌벅거린다.

갈매기들의 수런거림과
파도의 부딪침 소리가 계속

등대 발목을 간지럽혀도
고개를 떨구며
깊은 잠 속으로 빠져 들고 있다.

언제까지나 정해진 한 곳에 서 있는
등대는 아무도 찾지 않는
평범한 섬이 되어갔다.

염장(鹽藏)

생선을 사다가
썩지 않도록 소금을 듬뿍 발라
항아리에 켜켜이 쌓아 놓는다.
생선은 살아서
짜디짠 바닷물을 마시며
바닷물에 몸을 섞으며 살다가
죽어서도 소금 속에 파묻혀 있다.
눅눅한 소금기가 고여 있는 곳이
바로 생선의 고향이다.
소금은 생선의 부패를 방지하기 위한
방부제지만
죽은 생선의 몸에 소금을 듬뿍 발라
염장을 하는 것은
생선이 살아있을 때
거닐던 바다 속으로 길을 내주며
짜디짠 바다를 추억하라는 뜻이다.

바다 1

누군가 보이지 않는 손이
짠물과 뻘 속에 바다를 염장을 한다.
바다는 소금기에 절여져
영원히 썩지 않는다.

호주머니 속의 바다

바다를 닮은 조약돌 하나를 주워
호주머니 속에 넣고 다녔다.

바다를 닮아
예쁘고 둥근 조약돌 하나
갯내음이 물씬 묻어나고
파도소리를 하루 종일 들려주는
조약돌 속에는
늘 푸른 물결이 철썩인다.

바다에서 태어난 돌멩이는
처음엔 모나고 못생긴 돌이었다.

부서지는 파도에 몸이
부딪치고 망가져
마침내 둥근 조약돌이 되었다.

끝없이 펼쳐진
바다 이야기를 들려주는
호주머니속의 바다

먼 바다에 주워온
그 조그마한 조약돌 속엔
하얗게 밀려오는 파도에도
지워지지 않는
햇살 하나 숨겨져 있다.

염전 2

바닷물을 담아놓은 염전은 작은 호수
파란 빛을 내던 바닷물이
수천 년 껴안은 세월을 풀어놓는다.
증발하는 염전의 물속에서
수정처럼 반짝이는 하얀 소금

한 때는 그저 하나의 물방울이었다가
한 때는 백사장을 넘나드는 파도가 되었다가
한 때는 바닷속 음습한 골짜기를 품었다가
막다른 골목 길에서 갇혀
햇살을 받아먹고 마지막 불끈 치솟는 힘!

바닷물은 흔적도 없이 사라지면서
소금을 토해놓는다.
바닷물은 죽어서 곰삭은 말들을 뱉어낸다.
하얗게 절여져서
더욱 빛나는 슬픔들

섬 1

바닷물이 빠지고 나면
바다 한가운데에
생겨나는 오래된 섬 하나
높이 나는 새가 멀리 보는 것처럼
멀리 보는 자가 섬을 발견한다.
저 멀리서 무인도는 아무도 모르게
바다 위에서 점프를 하며
마치 고래 등처럼
떠오르다가 사라지기도 한다.
반짝이는 물비늘을 따라 솟구치며
일렁이는 파도를 따라
바다위에 내리는 눈송이처럼
자맥질 하는 섬
바닷물이 들어오면
거짓말처럼 사라지는 섬

거북이 한 마리

20여 년전
갑천변을 걷다가 논두렁을 지나가는
거북이 한 마리를 발견했다.
집으로 가져와 몇 개월을 키웠더니
살도 통통 찌고 덩치도 제법 커졌다.

거북이는 가끔
바다가 그리운지
어미가 그리운지
친구가 그리운지
또록또록 눈망울을 굴리며
허공을 응시하고 있었다.

거북이의 본래 고향은 바다라서
일요일 어느 날 차로 두 시간을 달려
거북이를 대천 앞바다에 놓아주었다.

어떤 사람들은 나에게
거북이를 키워 보양식이나 하지

왜 놓아주었냐 말했고
더러 그냥 냇가에 놓아주면 그만이지
굳이 머나먼 대천앞바다에 까지 직접 가서
놓아줄 것 까지 있느냐며
참 할 일도 되게 없는 사람이라며
비아냥거리기도 하였다.

그 거북이가 나에 대한 고마움을
생각할 지 모르겠지만
가끔 드넓은 바다를 헤엄쳐 다니는
그 거북이를 생각하면 기분이 절로 좋아진다.

섬 2

섬을 향해 출발하는 배를 타면
모두가 바다가 된다.
바닷물을 스르르 가르며
흘러가는 배
사람들의 마음은 이미 섬에 가서
섬이 되었다.

사람들을 섬에 내려놓고
엄청난 삼각파도를 헤치며
출렁이며 나가는 배
수평선과 하나가 되어
점점 사라져 간다.

막배가 끊겨
오도 가도 못하고
섬에 남은 사람들은 결국
고스란히 섬이 되었다.

살아도 못살아

어느 해 여름
해수욕을 즐기던 한 사내가
수영미숙으로 그만 깊은 바닷물 속에 빠졌다.
해안가로 들려 나온
사내의 중요한 부분이 사라져 버렸다.
물 속에서 허우적 거리다가
그만 수영팬티가 벗겨진 탓에
그 사내의 아랫도리 중요한 곳을
물고기가 뜯어 먹었던 것이다.
아이러니하게도
사내의 몸에서
가장 연약한 부분이 바로 그곳이라서
물고기들이 좋아한다나.
의식불명이 된 사내를 살리기 위해
구급대원이 인공호흡을 시키고 야단이었다.
그 사내의 아랫도리를 본
그의 아내는 땅을 치며 통곡하였다.
아이고! 살아도 못살아!
아이고! 살아도 못살아!

참치 캔

참치가 들어있는 둥근 캔을 보면
내 몸집보다 더 큰 참치가 왜 이리 작아졌나
아니면 본래 참치가 둥근 모양이었을까
하는 새로운 생각에 참치에 관한
다른 생각이 자꾸 넘어지고 작아진다.

동그란 참치 캔
그 속에도 작은 바다가 들어 있을까?
아마도 참치 캔 속에 들어있는
바다도 둥근 모양일 것 같다.

참치 캔 속에 담겨 있는 참치가
과연 한때는 바다를 호령하며
드넓은 바다를 헤엄쳐 다녔다는
얘기를 할 수 있을까?

한때 나는 '참치 매니아' 였다.
참치 캔 하나만 있으면 밥 한 공기도
금세 뚝딱 해치웠다.

그렇지만 아직 나는 살아있는 참치를
한 번도 본적이 없는데
'참치 매니아' 라고 해도 되는지 모르겠다.

태평양 아주 먼 바다로부터 날아온 참치가
동네 슈퍼에 진열되어 있다.
참치 캔을 몇 개 사서 검정 비닐봉지에 담아
터덜터덜 집으로 돌아오는 사이
비닐봉지 속에서
지느러미를 파닥거리며 숨을 할딱거리는
아주 작은 참치 한 마리를 보았다.
그날은 왠지 참치가 참 불쌍해 보였다.
그날부터 나는 참치를 먹지 않았다.

요즘은 참치 캔처럼
내 몸이 둥글납작해 보인다.
참치 캔을 보면 먹고 싶다는 생각보다는
왠지 굴리고 싶어진다.

섬 3

출렁이는 그리움의 바다
한가운데에 떠 있는 하늘 그림자 하나
섬은 하늘 한 자락을 깔고 앉아
바닷 속에 꼭꼭 숨어있나
바닷가에 서서 온종일 쳐다보아도
보이지 않는다.
노을이 질 무렵에
섬은 바다가 전해주는
해조음 소리를 들으며
긴 그림자를 끌고는
얼굴을 빠끔히 내밀고 있다.

바닷가에서

바닷가에 나가
바다 위에 일렁이는 물결을 본다.

물결이 일렁일 때마다
햇님이 그린 그림이 보이고
바람이 그린 그림이 보이고
별님이 그린 그림이 보이고
새들이 그린 그림도 보인다.

더러 바다 위를 지나가는
배들이 그린 그림도 보인다.

바람이 만든 이랑마다
새로운 물결이 일고
출렁이는 물결은 이미 그려놓은 그림들을
줄였다 늘였다 한다.

사람들은 저마다 마음에 드는 바다 그림을
하나씩 가슴 속에 담고
집으로 돌아온다.

해삼

푸른 서해바다 한 권
바다 위를 미끄러지듯 헤엄쳐가던 바람도
잠깐 들리는 곳 장고도

장고도 연해에는 해삼이 한창이다.
온몸이 물컹물컹 울퉁불퉁
꼬물거린다.
어디가 입인지?
어디가 항문인지?
어디가 눈인지
도무지 알 수가 없다.

오동통 살이 찐 몸통을 누르면
물을 찍 갈기며 물총을 쏜다.
끓는 물 속에 넣고 팍팍 삶아 널어놓으면
청푸른 속살이 꼬들꼬들 말라간다.

굴 까기

온종일 김씨 할머니는
비닐하우스 작업장 안에서 굴을 깐다.
할머니가 쪼그리고 앉아
앙다문 굴의 입을
뾰족한 연장으로 짝 제껴 열면
하얗게 쏟아져 나온
바다의 속살들 눈이 부시다.
퉁퉁 부은 김씨 할머니의
손가락 마디마디 마다
짭조름한 굴 맛이 배어 있다.

파도

파도는
파도는
물새가 찍어놓은 새 발자국도
술에 취해 비틀비틀
지나간 사람 발자국도
아이들이 개발 새발
써놓은 아주 큰 글씨도
모래밭에 찍혀있는 모든 것들을
한꺼번에 지워버린다.

갯벌

갯벌에 들어가 보면
한 걸음을 쉽게 나가기 어렵다.
한 발 내디디면 갯벌 속에
빠진 다른 발을 떼기가 어렵다.
갯벌은 무엇이든지
다가오는 것들을
품에 안으려고 안간힘을 쓴다,

드넓은 갯벌에 생겨난
수많은 구멍들
그 작은 구멍들은
모두 작은 동물들의 보금자리다.
잘 들여다보면 갯벌에도 길이 있다.

갯벌에 난 길들은
갯벌동물들이 다니는 아주 작은 길이다.
갯벌은 모든 것들을
품에 안으며 보듬어 준다.

귀항

어스름이 깔리는 저녁
갈매기 떼를 이끌며
통 통 통 섬과 섬 사이를 지나
귀항하는 고깃배 한 척

만선의 깃발이 휘날리는
은빛 돛대를 달고
항구로 돌아오는 배는
갑자기 거세지는 파도를 넘고 넘어도
숨이 차지 않는다.

고깃배를 따라 함께
먼 바다로 나갔던 바람이 하나
아직 돌아오지 않았다.

섬 4

물밀듯 밀려오는 외로움을
주체할 수 없을 때
더러 자신도 모르는 사이
섬이 된다.

여기도 섬 하나
저기도 섬 하나
섬은 적당히 떨어져 있어야
제격이다.

사람들 사이에서
서성거리지만 마땅히 갈 곳도 없는 사람은
섬이 되어 바다 한가운데 떠 있다.

정적만이 감도는
자신이 만든 섬 안에 갇혀 섬이 된 사람은
진짜 섬처럼 생각이 깊어진다.

바닷가에 서면

바닷가에 서면
아주 먼 바다에서 천년의 바람이 불어온다.
천년의 바람이 바다 속으로 걸어 들어가
출렁이는 파도가 되어 나온다.

바닷가에 밀려온 파도 하나가
또 다른 작은 파도를
멍석처럼 둘둘 말아 올려
더 큰 파도를 만든다.
허옇게 부서지는 물살 곳곳에서
키득키득 파도소리가 터져 나온다.

잔잔해진 바다 위에
무수히 많은 물결들이 반짝이고
그 물결들이 저 마다 햇살 하나씩을
꼬옥 움켜쥐고 놓아주질 않는다.

알몸으로 바다를 건너온 바람
부끄러운 듯

또 다른 물결 속으로 숨어들고
겹겹이 껴입은 하얀 속치마 자락 같은 물결 사이로
파도의 발목이 보인다.

아랫도리를 겨우 가린 바람 하나
백사장을 홀로 거닐고 있다.

섬 5

섬은
육지에서
떨어져 나간 미아

망망대해 한가운데에서
너무 외로워진 섬은
육지를 향해 보내는
처절한 몸부림 같은
구애의 파도를 보낸다.

사람들은 저마다
가슴속에 섬 하나를
갖고 산다.

가끔
그 섬에 가고 싶어
가슴 설레인다.

밤게

밤톨처럼 둥글게 생겼다 하여
붙여진 이름 밤게

다른 게들은 옆으로 걷는데
밤게는 앞으로 걷는다.

위험이 닥치면
몸을 데구루 말아 밤톨이 된다.

어른이 되어서도 더 이상 자라지 않아
밤톨만한 크기인 밤게는
나처럼 똑바로 걸어라 호통을 치며
갯벌을 종횡무진 폼나게 걸어 다닌다.

조개껍데기 1

바닷가에 널려 있는
조개껍데기를 잘 살펴보면
줄무늬가 여러 층으로 길게 나 있다.

파도가 모래톱에 만든 줄무늬처럼
조개껍데기에 나 있는 줄무늬

파도가 조개껍데기랑 부딪쳐
조개껍데기 위에
줄무늬를 새겼나 보다.

조개껍데기 2

백사장에 널려있는
조개껍데기를 주워 들고
자세히 살펴보았더니
조개껍데기마다
아주 작은 둥근 구멍이 나 있다.

고동이 치설을 내밀고
조개껍데기에 구멍을 내어
조개의 속살을 파먹은 거란다.

조개껍데기는
사람의 손으로 깨뜨리기도 힘든데
고동은 어떻게 그 작은 치설로
조개껍데기를 뚫었을까?

갈매기 떼

갈매기들이 부두가 난간에
줄지어 앉아 있는데
모두다 육지 쪽을 향해
앉아 있다.

갈매기들은 바다를 좋아하니
바다 쪽을 향해 앉아 있어야
정상인데 참 이상하다.

전깃줄에 앉아있는 참새 떼를 보면
어느 한 방향을 향해 앉아있지 않고
뒤죽박죽 앉아 있었다.

갈매기들이 일제히
바람이 부는 쪽을 향해 앉아야만
갈매기 깃털이 나부끼지 않는 거였다.

도둑게

도둑게는
바다에서 태어나
바다에서 살지 않고
산이나 들에 산다.

나무를 타고 올라가 열매를 따먹기도 하고
들에 뱀처럼 구멍을 뚫고 살아
뱀게라고도 불린다.
도둑 게는 인가에 찾아와 부엌에 있는
음식물을 훔쳐 먹는다.

등딱지에 웃는 입모양이 그려져 있어
스마일게라는 별명이 붙은 도둑 게

무엇이든지 잘 훔쳐 먹는 도둑 게는
빨간 집게발가락이 달려 있다.

망둥어

망둥어는
바닷물이 빠져나간 갯벌 위를
걸어 다닌다.

물 밖으로 나오면 공기로 호흡하는 망둥어는
아가미 옆에 달린 지느러미를 움직이며
갯벌를 누비고 다닌다.

망둥어는
물속에서도 살며
물 밖에서도 살아가는
환경에 잘 적응하도록
진화된 물고기다.

두고 온 바다

이따금 두고 온 바다가 그립다.
어느 곳의 바다인줄은 말 할 수는 없지만
바람이 불고
파도가 치고
갈매기가 날고
허공에 꽂아놓은 깃발처럼
펄럭이는 외로움을 찾아 바다로 가고 싶다.
거대한 바다를 박차고 차오르는
뜨끈뜨끈한 아침 해를 보고 싶다.
하루치의 고된 육신을 훌훌 벗어던지고
저 깊은 바다 속으로 사라져가는
하루해를 보고 싶다.
오늘도 그 몹쓸 고독감에 휩싸여
밤새 몸을 뒤척이며 잠 못 이룰
두고 온 바다가 그립다.

장고도 아이들

태안반도 끄트머리 건너편에
장고도라는 섬이 있다.

장고도 아이들은
낚시를 배우지 않았어도
낚시질을 잘 한다.

장고도 아이들은
수영을 배우지 않았어도
수영을 잘 한다.

장고도 아이들은
놀이가 따로 없다.
이따금 바지락도 캐고
이따금 게도 잡고
수영도 즐긴다.

이만 때쯤이면
어디에서 뭐가 잘 잡히고
어디에서 뭐가 잘 낚이는 지도 잘 안다.

갈대꽃

늦가을
찬바람이 쌩쌩 부는 싸늘한 바닷가에
갈대꽃들이 오래도록 만발하다.

늘 바닷가에 서면
내 가슴 한쪽에 갈꽃처럼 갸날프게
흔들리는 내가 있다.

저녁때가 되어도
돌아갈 줄 모르는 나는
그저 향기도 하나 없는
갈꽃 속에 파묻혀
소슬바람만 불어와도
마구 흔들거리고 있다.

동백꽃

동백꽃은
우리 몸에 흐르는 피처럼
선분홍색 빛

바닷가 한적한 곳에
남몰래 피어나도
그 진한 향기에 취해
사람들이 발길이
끊이질 않는다.

동백꽃이 질 때면
꽃 이파리가 나풀나풀 하나둘
떨어지는 것이 아니라
모가지가 뚝 부러져
꽃 전체가 한꺼번에
지고 마는
목숨꽃

수평선

하늘과 바다가 맞닿은 곳
옆으로 길게 난
선 하나

그윽한 눈길이
머무는 저 곳이
바로 바다의 끝이다.

바다가 조용해질 때

파도가 몰아치는 바닷가
혼자 서 있기도 힘이 든다.
그런 바다를 바라다 보는
사람들의 마음도 혼란스럽다.

바람이 자고
잔잔해진 바다
바다가 조용해질 때
비로소 작은 섬이 보이고
조약돌이 보이고
끼룩끼룩 갈매기가 날고
백사장을 기어다는
쇠스랑게도 보인다.

통통통 작은 고깃배 하나
지나간 자리마다
물살이 일고
바다가 조용해질 때
바다는 비로소 순한 양이 된다.

그런 바다를 바라보는
사람의 마음도 평온해진다.
그래서 사람들은 바다를 찾는다.

바다에 와서

그리움도 깊으면 병이 되고.
기다림도 지치면 병이 된다.

누군가를
그리워 할 수 있다는 것이
행복이라는 사실을
바다에 와서 알았다.

어디인가로
되돌아 갈 수 있는 곳이 있다는 것이
기쁨이라는 사실을
바다에 와서 알았다.

파도에 부딪쳐
부서진 바위의 상처가
저토록 아름다운 자태를 만들었구나.

방파제 위로 넘치는 물결 위로
별이 뜨고

달이 뜨고
해가 뜨고
나는 그저 시린 눈으로
바다를 바라다 본다.

저토록 넓은 가슴을
자꾸만 넓히려 드는 바다.

땅 끝에 서 있는 나의 외로움은
혼자 나는 갈매기처럼
애처로웠다.

나를 있게 하는 것들

햇살 같은
그리움 같은

구름같이 떠도는
허무감 같은

하늘처럼 깊은
외로움 같은

끊임없이 대지를 감싸는
고요함 같은

산맥을 휘감고 도는
실안개 같은

한곳에 머무르지 않는
바람소리 같은

내 고독한 바다에
홀로 출렁이는
돛단배 한 척 같은 것

외딴 섬

거기 서해 바다 한쪽에
지도에도 나오지 않는 외딴 섬이 하나 있다.
섬 전체가 암석지대라서
사람의 접근 조차 쉽지 않다.

바람과 햇빛과 외로움이 모여 사는 외딴 섬에
이따금 갈매기 들이 날아와
지친 날개를 접고 쉬고 있다.

먼 바다에서 날아온 바람도 몇 개
외딴 섬 바위에 걸터 앉아 쉬고 있다.

바다 2

바다는 모든 것을 바다 들인다.
우리가 사는 지구라는 큰 세상도
품안에 바다 들여 꼬옥 안고 있구나.

내 품에서 잠이 든 바다

불현듯 바다가 보고 싶다.
바다가 그리워 진다.

바다가 보고 싶으면
날을 잡아 바다를 찾아 간다
바닷가에 나가 하염없이
넘실거리는 파도를 바라다 본다.

바다를 바라다 보는 것만으로
마음이 포근해진다.

그저 백사장에 쭈그리고 앉아
하염없이 바다를 바라다 보다가
해가 뉘엿뉘엿 질 때
집으로 돌아 오려면
발길이 떨어지질 않는다.

물가에 내놓은 아기처럼
못내 미더워
바다와 헤어지는 것이
못내 아쉬워
꿈틀거리는 바다를 등에 업고
집으로 돌아온다.

집채 만한 바다를 등에 업고
집으로 돌아온다.

힘들지요?
무겁지요?
등 뒤에 매달려
속삭이듯 칭얼대는 바다를
토닥 토닥 거리자
어느새 바다는 쿨쿨 잠에 빠진다.
내 품안에서 잠이 든 바다

끝이 없는 길

길이 끝나는 곳에 물이 있고 산이 있다.
물로 막혀 더 이상 갈 수 없는 길
산으로 막혀 더 이상 나갈 수 없는 길
산이 끝나는 곳에는 바다가 있다.

끝나는 길 위에 서서 다시 길을 찾아 나선다.
새로 난 길 끝자락에 그리움이 묻어 있다
새로 난 길 산자락에 기다림도 숨어 있다.

끝없는 길 따라 가는 인생
가다가 힘들면 다리를 펴고 앉아
하늘을 바라다 본다.

산다는 것은
끝없는 길을 따라
철새처럼 어디론 가
날아가는 일이다.

섬마을 선생님

아내의 애창곡은
이미자의 '섬마을 선생님'이었다.

말이 씨가 된다고
그 덕분에 나는
거짓말처럼
섬마을 선생님이 되었다.

평생 교직을 걸으며
시를 쓰는 나에게
섬마을 선생이 된 것은
나에게 또 하나의 큰 행운이었다.

등대 불빛

밤바다의 길을 여는
깜박 깜박
별빛 하나

그리움처럼 떠 있는
가물가물
불빛 하나

물때 시간표

바닷가에서는
하루에 두 번씩
바닷물이 들어 왔다가 나간다.

썰물은 느릿느릿 빠져 나가지만
밀물은 물밀 듯이 금세 들어온다.

바닷가에서는
물때 시간표를 잘 알아야 한다.

버스 시간을 놓쳐
버스를 타지 못하면 그만이지만
물 빠진 갯벌이나 백사장에 들어갔다가
물 때 시간을 놓쳐
제 때에 나오지 못하면
바다에 수장(水葬)되기 십상이다.

바다의 얼굴

잔잔한 물결이 일 때
바다의 얼굴은
한없이 평온하다.

파도가 몰아칠 때
바다의 얼굴은
찡그리고 있다.

폭풍우가 몰아쳐 솟구칠 때
바다의 얼굴은
몹시 화가 나 있다.

바다의 얼굴은
종 잡을 수가 없다.
날씨에 따라
바람에 따라
시간 시간마다 달라진다.

2부

| 주요 일간신문 |

| 잡지 |

| 시비에 실린 작품들 |

■ 동아일보 2012.1.16

늦가을 낙엽은 지고

찬비가 세차게 내리더니
늦가을 낙엽은 지고
마지막 남은 잎새마저
다 떨군 나무는
일년 동안 가꾸어온
삶의 무게를 다 벗어던졌구나.
이리저리 발밑에 구르는 낙엽은
누군가 이승에 벗어놓고 간
햇살 한 줌
그리움 한 줌
슬픔 한 줌
추억 한 줌

「도회지 거리 낙엽 밟는 맛」 기사

■ 카톨릭신문 2011.1.2

등대지기 사랑

그리움은 밤배를 타고 옵니다.
슬픔은 밤배를 타고 떠납니다.
밤이 되면 당신을 나를 지켜주는 등대입니다
당신은 하루도 쉬지 않고 나를 기다립니다.
멀리 밤바다를 건너 내게 오는 사랑이여
바다는 온통 사랑의 빛깔입니다
사랑의 물결이 출렁이는 바다는
온통 갈매기들의 노랫소리로 가득합니다.
갈매기들이 모여 나는 바다에는
그리움이 모여 삽니다.
당신이 떠난 밤바다에는
슬픔도 모여 삽니다.
물결과 물결을 헤집고
그리움의 배를 몰며
당신이 내게 오신다면
나는 정말 행복합니다.

나는 밤새 당신을 기다리는
등대가 될 것입니다
나는 외로운 밤마다 등대가 되어
당신을 하염없이 기다릴 것입니다

「망망대해 어둠 밝힌 25년 '빛 지기'」 기사

■ 2011년 9월호 월간문학(한국문인협회발행)

두고 온 바다

이따금 두고 온 바다가 그립다.
어느 곳의 바다인줄은 말할 수는 없지만
바람이 불고
파도가 치고
갈매기가 날고
허공에 꽂아놓은 깃발처럼
펄럭이는 외로움을 찾아 바다로 가고 싶다.
거대한 바다를 박차고 차오르는
뜨끈뜨끈한 아침 해를 보고 싶다.
하루치의 고된 육신을 훌훌 벗어던지고
저 깊은 바다 속으로 사라져가는
하루해를 보고 싶다.
오늘도 그 몹쓸 고독감에 휩싸여
밤새 몸을 뒤척이며 잠 못 이룰
두고 온 바다가 그립다.

(월간문학 2011년 10월호 월평「좋은 시」선정)

■ 경기북부신문 2008.04.24

아름다운 눈으로

비가 내리는 날은 비가 와서 좋고
눈이 내리는 날은 눈이 와서 좋고
햇볕이 쨍쨍 내리쬐는 날은
햇살이 밝아서 좋다.
삼백예순 나날 날마다 날마다
다람쥐 쳇바퀴 돌 듯 하는 인생이지만
날마다 아침저녁으로 기온이 다르고
하루 종일 날씨도 다르다.
풀 한 포기 개미 한 마리
꽃 한 송이 모두
아름다운 삶을 위해 올곧게 살아간다.
아름다운 눈으로 세상을 보면
모든 것들이 다 아름다워 보인다.
아름다운 눈으로 세상을 보면
그 아름다움의 중심에 내가 서 있다

「아름다운 눈으로 세상을 보면」 기사

■ 조선일보 2008.10.15 시와 수필

가을 여자

가을이 되면
가을을 사랑하는 여자는
술을 마시지 않아도 취해서 좋다
붉게 물든
단풍잎 하나 살포시 떨어져
텅 빈 가슴 속으로 들어오자
그녀도 이내 가을이 된다
가을이 된 그녀는
온갖 무겁고 칙칙한 생각들을
말끔히 지워 낸다.
가을 여자는 쓸쓸히 혼자,
혹은 누군가와 함께 가을을 마신다.
가을과 섞이지
않고서는 견딜 수 없는
또한 가을을 온몸으로
받아들일 수밖에 없는
그녀는 곧 가을이 된다.

가을 여자는 가을에 취하듯.
사랑에 취한다.
그리움에 취한다.

■ 매일경제 2008.10.24 「짧은 글 긴 울림」

그리움의 향기

그리움은 보고 싶어도 참는 거다
그리움은
누군가를 끊임없이 마음속으로 좋아하는 거다
그리움은
그 무엇을 애타게 기다리는 거다 〈신문게재〉

*이하 내용은 독자의 이해를 돕기 위해 소개함.

그리움은 아무런 대가를 바라지도 않고
누군가를 지독히 사랑하는 거다
보고 싶어도 참고 있다가
그리워도 참고 있다가
그 보고픔이, 그 그리움이
마침내 눈물이 되면
그땐 비로소 그리움이 향기가 된다

누군가를 지독히 그리워해 본 사람은
그 무엇인가를

지독하게 기다려 본 사람은
그리움이 눈물로 변한다는 사실을 알고 있다

사랑은 불꽃처럼 순간적으로 일어나지만
그리움은
두고두고 가슴속에 묻어둔 비밀처럼
그렇게 아주 은은하게 조용히 다가오는 거다
그리움의 향기는
혼자 사랑하는 마음처럼
꼭 그리워하는 누군가에게
전해지지 않아도 좋다

그리움의 향기는
별처럼 내 가슴속에만 꼭꼭 숨어 있어
나만이 느낄 수 있는 은밀한 사랑이다

■ 재경일보 2007.5.21 오늘의 시

이런 사랑이라면 좋겠습니다

굳이 말 하지 않아도
서로 눈빛만 보아도
무엇을 원하는지
무슨 생각을 하는지 알 수 있는
이런 사랑이라면 좋겠습니다
믿음직한 소나무처럼
늘 그 자리에 서서
힘들고 지칠 때
곁 고운 바람처럼 부드러운 손을 내밀며
등을 토닥여 주는
이런 사랑이라면 좋겠습니다
푸르름을 잃지 않는 산 그림자를
끌어안고 잠이 드는 강물처럼
항상 따뜻한 가슴으로 포용해주는
이런 사랑이라면 좋겠습니다.
산과 강과 하늘이 어우러져
아름다운 풍경을 만들듯

그대와 나 각자 제자리에서 빛을 내는
이런 사랑이라면 좋겠습니다.

■ 월간문학 2004년 12월호

새벽 금강에서

꼭두새벽에 일어나 강가에 서서
나는 발가벗은 강의 목을 끌어안았다.
하얀 거품을 내는 미끌미끌한 알몸이
너무나 탐스러웠다.
밤새 잠 못 이루고 뒤척인
강의 알몸은 신열처럼 뜨겁다.
강물은 낮에는 옷을 몇 겹씩 껴입으며
점잖은 듯 내숭을 떨지만
어둠이 내리면
거추장스러운 옷들을 모두 벗는다.
강물 속을 하염없이 들여다보면
흘러간 시간과 사라져간 풍경들이
되살아난다.
먼 시간 속에 갇힌 채
물속에서 흐르는 침묵 같은
작은 모래 위를 걷는다.
그 은밀한 속삭임이 내게로 온다.

발가벗은 새벽 강물,
그 깊고 깊은 심연의 바다에
풍덩 빠져보고 싶은
달콤한 유혹이여.

(월간문학 2005년 1월호 월평 「좋은시」 선정)

■ 서울일보 2011.03.08

봄이 오는 소리

얼음장 밑에서 졸졸졸
봄이 오는 소리가 들린다.
두꺼운 땅껍질을 뚫고
나오는 아주 작음 힘!
어떠한 힘으로도 막지 못한다.
작은 새싹 하나
우주를 뚫고
세상 구경을 나오려고
기지개를 켠다.
벌써 양지바른 언덕에
뾰족 나온 푸른 싹들
새 생명의 탄생 알린다.

「봄철 산불화재 주요 원인'논 · 밭 태우기'득 보다는 실」 기사

■ 국립목포해양대학교 해양시비공원 2008년 건립시비

겨울 바다

한 겨울 바다를 그리워하는 일은
시린 가슴 언저리에 외로움이
눈물처럼 고여 있기 때문이다.
어느 날 문득
일상을 접고 겨울 바다에 가고 싶다.
눈이 제 아무리 펑펑 쏟아져 내려도
내리는 족족 눈은
결국 흔적도 없이 사라지고 마는
겨울 바다
이 세상에 내려와 일순간에 사라지고 마는
눈꽃송이를 하염없이 바라다보면
하늘과 바다와 내가 하나 된다.
어느 게 바다이고
어느 게 하늘인지 분간하기조차 어렵다.
눈이 내리는 겨울 바다에 가면
사람 사는 일들이
얼마나 부질없고 하찮은 것인지 깨닫게 된다.

3부

ㅣ문학평론ㅣ

문학, 바다를 품다

■ 문학평론

문학, 바다를 품다*

— 현대시에 나타난 바다에 관한 새로운 인식

남 낙 현

1.해양문학의 개념

지정학적으로 보면 지구 표면의 약 70%는 바다이며 특히 우리나라의 경우 삼면이 바다로 둘러 싸여져 있기 때문에 우리나라 사람들은 직・간접적으로 바다와 밀접한 관련을 맺고 살고 있다. '바다'라는 어원에 대한 의견이 분분하나 '모든 것을 죄다 받아들인다.' 라는 의미의 음을 따서 '바다'라고 부른다고도 한다.

요즘 들어 바다는 단순히 물의 집합체가 아니라 자원의 보고로서의 역할을 다한다. 바다는 다양한 생명체를 탄생시키며, 또 그것들이 자랄 수 있도록 자양분을 만들어 주기 때문에 우리 인간들의 삶과 밀접한 관계를 유지하면서 역동적인 공간으로 작용한다.

이런 바다를 배경으로 삶을 영위하는 우리나라 사람들은

* 계간 ≪문학사랑≫ 통권92호(2010년 여름호) 발표

바다와 친숙하다. 이렇듯 해양문학(seafaring literature) 의 개념은, 바다를 주제로 삼거나 바다를 배경으로 이루어지는 문학으로 단정할 지을 수 있다.

해양문학이란 바다와 인간과의 관계 또는 바다를 배경으로 한 인간의 삶이 투영된 작품을 말하는 것으로 해양문학에서는 두말 할 것 없이 바다라는 배경이 필수 전제 조건이 된다.

해양문학을 논하고자 하면 먼저 해양환경의 특징들을 살펴보아야 한다. 해양은 육지와는 달리 거대한 공간성, 해조의 유동성, 까다로운 접근성, 높은 위험성, 태풍의 생성, 끊임없는 역동성 등을 들 수 있다.

그 동안 한국 문학에 있어서 해양문학에 대한 인식은 외국문학의 예와 비교할 때 동적인 대상인 바다에 비하여 정적인 수준의 바다를 다루는 수준으로 머물러 왔는데 최근 들어서야 해양문학이 새로운 영역으로 자리 잡고 있다.

최근 들어 우리나라에서는 해양문학'을 기치로 내건 문예지가 속속 창간되었다. 서울에 본부를 둔 해양문화재단은 최근 계간지 ≪문학바다≫ 창간호를 발간하였고, 이를 기념해 창간기념으로 바다체험 작가를 공모하는 등 해양문학의 활성화 사업을 본격적으로 시작하였다. 또한 이미 부산에 근거지를 둔 한국해양문학가협회에서는 반연간지 ≪해양과 문학≫이라는 잡지를 발간하고 있다.

또한 해양문화재단에서는 매년 해양문학상으로 공모하여

많은 국민들에게 바다에 대한 새로운 관심을 높여주고 있으며 국립 목포 해양대학교에서는 캠퍼스 안에 해양시비공원을 조성하여 지역주민들은 물론 목포를 찾는 관광객들에게 해양문학에 대한 새로운 관심과 인식확장에 힘쓰고 있다. 해양문학의 소재는 단순히 바다뿐만 아니라, 해안선, 바닷가, 섬. 어부, 배, 등대, 어촌, 어부 등 다양하다. 바다를 배경으로 존재하는 섬과 갯벌, 어부, 해수욕장, 해산물, 해녀 등도 광의의 해양문학으로 포함되어야 한다.

바다를 중심으로 한 해양문학, 그 중에서도 해양과 관련된 한국 현대시를 고찰하여, 해양과 관련된 작품을 중심으로 바다를 배경으로 영위하는 삶의 의미를 문학적 가치로 새롭게 접근하기로 한다.

2.상징적 의미로서의 해양시

문학작품 속에서 나타난 바다가 상징하는 것들은 다양하다. 희망, 탄생, 자유, 영원, 무한한 공간, 신비한 생명, 어머니의 품속, 그리움, 기다림 등이 있다. 바닷가에서 끊임없이 밀려왔다가 밀려가는 파도의 모습이나 파도가 바위에 부딪쳐 부서지는 모습들을 보면 누구나 다 시인의 혜안(慧眼)에 이르게 된다. 하늘에 떠있는 인공위성에서 지구를 내려다보면 마치 바다가 양손으로 지구를 떠받들고 있는 모양이란다. 바다에 둘러싸인 지구가 바닷물이 움직일 때마다 연잎처럼 오므라들기도 펴지기도 한다. 시인들이 바다에 서면 조석 간만의 차로 다이나믹하게 움직이는 바다를 그저 단순히 자연현상으로 인식 하는 것이 아니라, 바다와 내가 하나가 되어 무아지경(無我之境)의 세계에 빠져 든다. 이 세상 어느 누구도 흉내 낼 수 없는 바다에 대한 새로운 상징과 비유를 발견하기에 이른다.

> 아무도 그에게 수심(水深)을 일러 준 일이 없기에/ 흰 나비는 도무지 바다가 무섭지 않다.// 청(靑)무우밭인가 해서 내려갔다가는/ 어린 날개가 물결에 절어서/ 공주처럼 지쳐서 돌아 온다.// 3월달 바다가 꽃이 피지 않아서 서거픈/ 나비 허리에 새파란 초생달이 시리다.
>
> — 김기림 「바다와 나비」 전문

'나비'는 '낭만적인 꿈과 정열'을 나타내며, '바다'는 가혹한 현실을 의미한다. 들뜬 나비는 '바다'의 수심도 모르면서, 또 자신의 역량도 모르면서 바다를 건너는 무모한 모습이 물결에 날개를 적신 채 지쳐서 돌아오고 있다.

> 낡은 〈아코오딩〉은 대화를 관뒀습니다./ -여보세요!/〈뽄뽄따리아〉〈마주르카〉〈디이젤, 엔징〉에 피는 들국화 -왜 그러십니까?/ 모래밭에서 수화기/ 여인의 허벅지 낙지 까아만 그림자/ 비둘기와 소녀들의 〈랑데부우〉/ 그 위에 손을 흔드는 파아란 기폭들/ 나비는기중기(起重機)의 허리에 붙어서/ 푸른 바다의 층계를 헤아린다.
>
> — 조향 「바다의 층계」 전문

낡은 아코디언의 연주로부터 시작되어 나비가 차가운 기

계인 기중기에 붙어 바다의 층계를 헤아린다니 참으로 엄청난 비약이 놀랍다. 초현실주의인 쉬르리얼리즘 기법인 이 작품은 우리가 도저히 이성적으로는 파악할 수 없다.

> 겨울 바다에 가 보았지/ 未知의 새/ 보고 싶던 새들은 죽고 없었네/ 그대 생각을 했건만도/ 매운 海風/ 그 진실마저 눈물마저 얼어버리고// 虛無의/불/ 물이랑 위에 불붙어 있었네.
>
> — 김남조 「겨울 바다」 전문

절망의 바람이 휘몰아치는 겨울바다에 미지라는 한 마리 새는 희망을 잃어버린 자신이다. 눈물마저 얼어버리는 겨울바다는 절망의 끝 혹은 허무의 끝일 것이다.

> 바닷물이 스르르 흘러 들어와/ 나를 몇 개의 섬으로 만든다./ 가라앉혀라,/ 내게 와 罪 짓지 않고 마을을 이룬 者들도/ 이유없이 뿔뿔이 떠나가거든/ 시커먼 삼각파도를 치고/ 수평선 하나 걸리지 않게 흘러가거라,
>
> — 신대철 「무인도를 위하여」 에서

> 눈마저 내리지 않는 외롭고 캄캄한 날/ 인파의 물살을 허우적이며/ 퇴계로에서 을지로로 노를 젓는 동안/ 내 돛대 위에 흐느끼는 깃발은/ 가만히 아래로 떨어져 내리고/ 무인도는 점점 커다랗게 떠올라와 있었다.
>
> — 김종해 「무인도」 에서

> 사람들 사이에 섬이 있다/ 그 섬에 가고 싶다
>
> — 정현종 「섬」 전문

섬을 배경으로 하는 그림이나 광고 속에 널리 인용되는 문

장은 아마도 정현종 시인의 '섬'일 것이다. 망망대해에 우뚝 솟은 섬은 그 자체가 낭만과 고독의 상징이며 또한 침잠의 세계다. 망망한 바다를 지나다가 마주치는 섬은 우리에게 까닭 모를 희망을 주고, 바다에서 조난당한 사람들에게는 버틸 수 있는 힘을 준다. 섬은 마치 황량한 사막 속에서 만나는 오아시스라 할 수 있다. 위에 세 편의 작품들은 사람과 사람 사이에 존재하는 섬을 말한다. 우리는 스스로 무인도를 만들고 그 섬에 갇혀 사는지도 모를 일이다. 어찌 보면 현실에 존재하지 않는 섬을 표현한 것이지만 사실 따지고 보면'우리는 각자 하나의 섬'일 수도 있다. 섬에서 사는 사람들은 언젠가는 섬을 떠나 살기를 꿈꾸지만, 섬을 찾아오는 사람들은 조금이라도 섬에 오래 머물러 있기를 원한다. 섬은 그래서 늘 아이러니한 곳이다.

> 배를 민다/배를 밀어 보는 것은 아주 드문 경험/ 희번덕이는 잔잔한 가을 바닷물 위에/ 배를 밀어넣고는/ 온몸이 아주 추락하지 않을 순간의 한 허공에서/ 밀던 힘을 한껏 더해 밀어주고는/ 아슬아슬히 배에서 떨어진 손, 순간 환해진 손을/ 허공으로부터 거둔다.// 사랑은 참 부드럽게도 떠나지/ 뵈지도 않는 길을 부드럽게도/ 배를 한껏 세게 밀어내듯이 슬픔도/ 그렇게 밀어내는 것이지// 배가 나가고 남은 빈 물위의 흉터/ 잠시 머물다 가라앉고/ 그런데 오, 내 안으로 들어오는 배여/ 아무 소리 없이 밀려들어오는 배여
>
> — 장석남 「배를 밀며」 전문

배를 미는 것을 사랑을 밀어내는 것과 비교하여 쓴 작품이

다. 아마도 시인은 배를 미는 일을 직접 경험해 본 것 같다. 이 시에서 시인은 사랑보다 이별에 초점을 맞춘 것 같다. 사랑이 배를 타고 아무런 미련도 떠나는 것을 나타내고 있다. 보통 이별은 마음이 아프고 고통스럽다. '배를 한껏 세게 밀어내듯이 슬픔도 그렇게 밀어내는 것이지'처럼 이별의 아픔이나 슬픔을 먼 바다에 띄워 보내면 얼마나 좋을까? 그것도 잠시 결국 바다로 밀어 낸 배는 내안으로 들어오고 만다.

> 나는 아직 무사히 쓸쓸하고/ 내 쓸쓸함도 무사하다네.// 하루가 얼마나 짤막한지/ 알지 못했다면/단 하룬들/ 참지 못했으리.// 배를 타려 하네./ 섬./ 깊은 독서 끝에/ 처박혀지는.// 나는 아직 무사히 쓸쓸하고/ 왜냐하면 그저 그거인 나날/ 그러나 비유는 다채롭기에
>
> — 황인숙 「비유에 바침」 전문

'배를 타려 하네./섬./깊은 독서 끝에/처박혀지는.'이라는 구절을 읽으면 하마터면 섬에 처박혀지는 느낌이 든다. 시인은 쓸쓸함을 이겨내기 위해 책을 읽으며 그 속에 깊이 처박히고 싶어 한다. 시인이 말하는 '그저 그거인 날'같은 일상의 무의미를 의미로 바꿔주는 것이 바로 여행이다. 그 곳은 바로 도피처로서의 섬 일수도 있다. 말하자면 독서 여행은 일상을 다채롭게 꾸며주는 일종의 비유의 것이다.

> 아무도 없다 깜깜하게 닫아놓은 커튼 틈새 먼지 사이를 비집고 도둑처럼
> 눈 희번득이며 햇살 한줄기 집안으로 들어온다. 날카로운 햇살을 피해

웅크리고 눈 크게 뜨고 앉아 벽에 걸린 이중섭의 게……
아무도 없다
게 한 마리 작은 눈 빛내며 액자 밖으로 다그락 다그락 기어나온다.
뒤따라 한 마리 또 한 마리…… 순식간에 마룻바닥을 다그락 거리며 게들이
기어 다니는 소리 아무도 없다 깜박이지도 못하고 크게 뜬 눈 오므린 발가락
위로 게들이 흘린 눈물거품 한 방울 또 한 방울…… 눈물바다 속을 다리 걷고
들어가 게를 잡는다. 아무도 없다.

— 권지숙 「게를 잡다」 전문

이 작품을 읽으면 아무도 없는 은밀함 속으로 스르르 빨려든다. 이중섭화가의 밑그림 속 밀폐된 거실 커튼 틈으로 햇볕이 비춰올 때 게를 잡는 모습이 새롭게 재현된다. 시인은 실체의 상식을 허물고 새롭게 존재의 공간을 구성한다. 시인은 이면에 존재하는 진실을 추구한다. 그것은 즐거운 상상이어서 좋다. 자연에 대한 새로운 인식이 재확장되었다.

명절날/ 거실에 모여 즐겁게 다과(茶菓)를 드는/ 온 가족의 단란한 웃음소리,/ 가즈런히 놓인 현관의 빈 신발들이/ 코를 마주 대한 채/ 쫑긋/ 귀를 열고 있다.// 내항(內港)의 부두에/ 일렬로 정연히 밧줄에 묶여/ 일제히 뭍을 돌아다보고 서 있는 빈 선박들의/ 용골./ 잠시 먼 바다의 파랑을 피하는 그/ 잔잔한 흔들림.

— 오세영 「피항」 전문

시인은 명절날 현관에 놓여진 신발들을 보고는 파도를 피해 내항에 몰려 든 배들이라고 비유하였다. 세파에 시달리다

명절날 고향집으로 모여든 가족은 '잠시 먼 바다의 파랑을 피해' 모여든 선박들이다.

3. 서정적 의미로서의 해양시

현대인들에게 있어서 삶은 곧 치열한 생존경쟁이다. 날마다 다람쥐 쳇바퀴 도는 것 같은 반복되는 일상은 바다에 비하면 부질없는 일에 지나지 않지만 누구나 생존하기 위해서는 일에 매달려 살아갈 수밖에 없다. 직장생활이나 펼쳐 놓은 사업 때문에 나이가 들수록 자신을 낡은 일상의 감옥 속으로 가두어 놓는다. 흔히 여행을 가리켜 '여유와 행복' 이라고 한다. 직장인들은 해마다 여름이 되기를 학수고대하면서 1주일 혹은 2,3일 정도 휴가를 떠난다. 직장인들은 새해가 되면 '올 여름 휴가 때 산으로 갈 것인가? 섬으로 갈 것인가? 바다로 갈 것인가? 혹은 외국으로 갈 것인가?'를 열심히 저울질하면서 즐거운 상상에 빠진다.

섬이라는 이름은 묘한 마력을 지니고 있어 섬을 그리워하는 사람들의 가슴을 설레게 만든다. 또한 섬은 생각만 해도 알 수 없는 고독과 쓸쓸함이 묻어난다. 섬은 그 자체로 이미 하나의 고독과 낭만을 형상화 하고 있는 것이다.

참고로 현재 우리나라 지적에 등록돼 있는 섬은 무려 3,153개이다. 이중 무인도는 2,689개, 유인도는 464개이다.

아직도 등록되지 않은 섬이 1,400여 개가 더 있다. 남한에서 가장 큰 섬은 제주도, 거제도, 진도, 강화도, 남해도 순이다. 그밖에 이름이 나있는 섬들은 제부도, 대부도, 백령도, 강화도, 석모도, 영종도, 고대도, 장고도, 녹도, 삽시도, 안면도, 외연도, 원산도, 효자도, 선유도, 어청도, 거문도, 보길도, 고금도, 울릉도, 독도, 마라도, 우도 등이 있다. 섬들은 저마다 특색이 있어 이름 하나 하나 마다 소중한 의미를 지니고 있다. 그 중 잘 알려진 보길도는 고산 윤선도의 유배지였다. 흑산도에서 유배생활을 했던 정약전이 〈자산어보〉라는 불멸의 기록을 남겼듯이, 윤선도는 보길도에서 〈어부사시사〉를 건졌다. 그렇게 본다면, 조선시대 선비였던 작가들에게 유배생활은 결코 불행한 것만은 아니었다. 다산 정약용 역시 전남 강진 바닷가에 유배되어 18년여 동안 『목민심서』 『경세유표』 등 500여권의 방대한 책을 저술하여 실학을 집대성한하였다.

> 지도에 없는 섬 하나를 안다/ 사람들 더러 아는 척해도/ 실은 가는 길도 모르고/ 무엇이 있는지 더욱 모르는/ 외딴 섬 하나를 나는 안다// 햇볕과 바람 유독 넉넉하고 정갈한 / 그 섬에 가면 홀로된 여자가/ 몇 뙈기의 외롬 꽃을 가꾸며 산다/ 온 하루 김을 매고 속된 꿈 솎고/ 저물면 밤하늘에 총총한 별을 읽고/ 스스로 섬이 되고 별이 되는 섬 여자/ 나는 몰래 그녀를 사랑한다//(중략)
> 그늘 깊은 뒷산 잡목 숲에는/ 탁목조 한 마리가 산해경(山海經)읽듯/ 팽나무 찍는 소리로 하루해가 저물고/ 노을 젖은 은박지로 구겨진 바다/ 나 혼자 엿듣는 방언이 있다/

감쪽같이 나누는 사랑이 있다/ 아련하게 니스칠한 추억이 있다/ 세상과 먼 그 섬에 가면

— 임영조 「그 섬에 가면」에서

'그 섬에 가면'의 공간적 배경은 지도에도 나오지 않아 알 수가 없다. '햇볕과 바람 유독 넉넉하고 정갈한 /그 섬에 가면 홀로된 여자/ 스스로 섬이 되고 별이 되는 섬 여자/ 나는 몰래 그녀를 사랑한다.'에서 작품 속의 여자란 상상 속의 여자인지도 모른다. 이 시를 읽으면 노을 젖은 은박지로 구겨진 바다가 떠오르며 지도에도 나오지 않는 아주 작은 섬 하나가 바로 눈앞에 와 있다.

마을로 기우는 언덕,/ 머흐는 구름에/ 낮게 낮게 지붕 밑/ 드리우는 종소리에 돛을 올려라// 어디메, 막 피는 접시꽃/ 새하얀 마디 마다/ 감빛 돛을 올려라// 오늘의 아픔/ 아픔의 먼바다에/ 먼 바다

— 박용래 「먼바다」 전문

시인은 종소리에도 막 피어나는 접시꽃에도 돛을 올려 먼 바다로 항해하려고 한다. 이 세상에 아픔이 없는 사람이 어디 있으랴. 시인은 오늘의 아픔을 먼 바다에 흘려보내고 싶어 한다.

여수만 바닷물이 시커멓게 죽어가던 날/ 모래밭은 더욱더 썩은 내를 풍기면서/ 사내들을 불러들였다.// (중략)
폐경기의 저녁바다를/ 한 웅큼씩 퍼올려/ 포장마차, 색 바랜 커튼 사이로/ 밀어 넣고 한 잔 소주를/ 말로써 서로 채우고 있을 때/ 독한 술은/ 사내들 가슴, 심장 속에다/ 길들

이지 못하는/ 바닷물이 되어/ 식도를 때리고 있었다.
(하략)

— 김성식 「바다는 언제 잠드는가」 에서

30여 년 동안 선장으로 오대양을 누볐던 시인은 생존 시에 '바다를 삶의 현장'으로 삼고 생활해왔기 때문에 '해양문학의 개척자'로 주목을 받아 왔다. 『김성식 시선집』(고요아침, 2007)은 해양문학의 장르 중 해양 시에 관한한 괄목할 만 평가를 받고 있다. '저마다 폐경기의 저녁바다를/ 한 웅큼씩 퍼 올려'에서처럼 시커멓게 오염이 된 바다를 걱정을 하고 있다

바다는 뿔뿔이/ 달아나려고 했다.// 푸른 도마뱀 떼같이/ 재재발렀다.// 꼬리가 이루/잡히지 않았다.// 흰 발톱에 찢긴/ 산호(珊瑚)보다 붉고 슬픈 생채기!// 가까스로 몰아다 부치고/ 변죽을 둘러 손질하여 물기를 씻었다.// 이 앨쓴 해도(海圖)에/ 손을 씻고 떼었다./ 찰찰 넘치도록/ 돌돌 구르도록/ 휘동그란히 받쳐 들었다!// 지구(地球)는 연(蓮)잎인 양 오므라들고…… 펴고…….

— 정지용 「바다2」 전문

정지용 시인의 〈바다〉 연작시 10여 편 가운데 가장 널리 알려져 있는 이 작품은 정지용의 초기시 특징의 하나인 선명한 이미지 제시를 위한 시작 방법을 엿볼 수 있다. 지용시인은 여러 감각적 이미지 중 시각적 이미지를 가장 많이 사용하였다. 파도가 밀려왔다 밀려가는 모습을 '뿔뿔이 달아나려고' 라고 표현하였고, 끝없는 물이랑을 이루어 몰려와서 물에 부딪쳤다 흩어지는 것을 '도마뱀 떼'로, 그 빠른 움직임을,

'재재 발렀다'로 형상화했다. '앨쓴 해도'는 그의 상상력이 만들어 낸 지도이다.

> 누구나 바닷가 하나씩은 자기만의 바닷가가 있는 게 좋다/ 누구나 바닷가 하나씩은 언제나 찾아갈 수 있는/ 자기만의 바닷가가 있는 게 좋다 (하략)
>
> — 정호승 「바닷가에서」 에서

누구나 저마다 바다하면 생각이 나는 바다 하나씩을 갖고 있다. 바다하면 어떤 사람은 송도 앞바다를 떠올리기도 하고 어떤 사람은 성산포 바다를 떠올리기도 한다. 자신이 다녀온 바다 중 가장 멋진 바다의 한 장면이 생각이 날 것이다.

> 누님의 치맛살 곁에 앉아/ 누님의 슬픔을 나누지 못하는 심심한 때는/ 골목을 빠져 나와 바닷가에 서자/ (중략)그때 나는 섬가에 부딪치는 물결처럼/ 누님의 치맛살에 얼굴을 묻고/ 늘고 먼 울음을 울음을/ 울음 울리라.
>
> — 박재삼 「밤바다에서」 에서

이 작품을 읽으면 누님에 대한 그리움이 진하게 묻어난다. 때로는 그리움이란 부패하기 쉬운 감성을 썩지 않도록 해주는 방부제와도 같다. 시인은 밤바다에 와서 누님의 치맛살 같은 물결에 얼굴을 묻고 가늘고 먼 울음을 울고 있다.

> 내 하나의 목숨으로 태어나/바다에 누워/해 저문 노을을 바라본다/(중략)
> 물살이 퍼져감은/ 만상(萬象)을 안고 가듯 아물거린다./ 마음도 바다에 누워 달을 보고 달을 안고/목숨의 맥(脈)이 실

려간다/ 나는 무심(無心)한 바다에 누웠다/어쩌면 꽃처럼 흘러가고 바람처럼 사라진다/ 외로이 바다에 누워 이승의 끝이랴 싶다.

— 박해수 「바다에 누워」에서

이 작품은 대학가요제 입상작으로 널리 애창되는 작품이다. '내 하나의 목숨으로 태어나 바다에 누워 해 저문 노을을 바라본다.' '외로이 바다에 누워 이승의 끝이랴 싶다.' 밤에 바닷가에 누워 하늘을 올려다보면 마치 이승의 끝처럼 아득하게 느껴질 때가 있다.

깊숙이 빠져드는/ 한발이 닿을 쯤/ 쑥 다른 한쪽을 빼는/ 넓고 깊은 어머니의 품// 달아나는 한쪽 마음을/ 스스로 억맨 풀지 못할 매듭/ 그런 마력의 늪/ 마음이 눕고 싶은/ 가슴이 푸근해오는/ 모두 숨길 수도 있고/ 숨을 수 있는/ 마음 어루만져주는/ 넓은 어머니의 품/ 깊숙이 빠져드는 질펀한 갯벌

— 이영균 「갯벌」 전문

질척이는 갯벌에 빠져 본 사람은 알리라. 한 발을 빼면 다른 한 발이 푹 갯벌 속에 푹 빠져드는 것을, 시인은 갯벌을 '달아나는 한쪽 마음을/ 스스로 억맨 풀지 못할 매듭/ 그런 마력의 늪'이라 표현하였다.

염전이 있던 곳/ 나는 마흔 살/ 늦가을 평상에 앉아/ 바다로 가는 길의 끝에다/ 지그시 힘을 준다 시린 바람이/ 옛날 노래가 적힌 악보를 넘기고 있다//(중략)
염전이 있던 곳/ 나는 마흔 살/ 옛날은 가는 게 아니고/ 이렇게 자꾸 오는 것이다.

— 이문제 「소금창고」에서

시인은 어렸을 적 염전이 있던 곳을 찾아 평상에 앉아 지난날을 회상하고 있다. '염전이 있던 곳 나는 마흔 살/ 옛날은 가는 게 아니고 이렇게 자꾸 오는 것이다.' 이미 옛날이 되어버린 어린 시절이 선명하게 떠오른다.

> 바다가 보이는 언덕 위에 우체국이 있다/ 나는 며칠 동안 그 마을에 머물면서/ 옛사랑이 살던 집을 두근거리며 쳐다보듯이/ 오래오래 우체국을 바라보았다//(중략)
> 사랑은 열망의 반대쪽에 있는 그림자 같은 것/ 그런 생각을 하다 보면/ 삶이 때로 까닭도 없이 서러워진다//(중략)
> 그리고 때로 외로울 때는/ 파도 소리를 우표 속에 그려 넣거나/ 수평선을 잡아당겼다가 놓았다가 하면서/ 나도 바닷가 우체국처럼 천천히/ 늙어갔으면 좋겠다고 생각한다.
>
> — 안도현 「바닷가 우체국」에서

이 시를 읽으면 청마 유치환 시인의 시 '행복'이 떠오른다. '사랑하는 것은/ 사랑을 받느니보다 행복하나니라/ 오늘도 나는/ 에메랄드 빛 하늘이 훤히 내다뵈는/ 우체국 창문 앞에 와서 너에게 편지를 쓴다.// 시인은 파도 소리를 우표 속에 그려 넣거나/ 수평선을 잡아당겼다가 놓았다가 하면서 바닷가에 오래도록 머물고 싶어 한다.'

> 술안주로 멍게를 청했더니/ 파도가 어루만진 몽돌처럼 둥실둥실한 아낙 하나/ 바다를 향해 손나팔을 분다/ (멍기 있나, 멍기-)/(중략)
> 하아, 하아- 파도를 끌고/ 손 흔들며 숨차게 헤엄쳐 나오는 해녀/ 내 놀란 눈엔 글쎄 물 속에서 방금 나온 그 해녀/ 실팍한 엉덩이며 볼록한 가슴이 갓 따 올린 멍게로 보이

더니/ 아니 멍기로만 보이더니/ 한 잔 술에 미친 척 나도 문득 즉석에서/ 멍기 있나, 멍기- 수평선 너머를 향해/ 가슴에 멍이 든 이름 하나 소리쳐 불러보고 싶었다.

— 손택수 「방어진 해녀」에서

방어진은 울산에 있는 곳으로 고래잡이로 유명한 곳이다. 방어진에서는 멍게를 '멍기'라고 부르는 모양이다. 바닷가에서 해물을 파는 여자가 바다에 대고 멍기있나 하자 해녀가 멍기를 잡아 대령하였다. 수평선을 향해 '가슴에 멍이 든 이름 하나'를 부르면 해녀가 멍게를 잡아 올리듯 수평선 너머에서 그리운 이가 불쑥 나타날 것 같다.

성산포에서는/ 남자가 여자보다/ 여자가 남자보다 바다에 가깝다/ 나는 내 말만 하고/바다는 제 말만 하며/ 술은 내가 마시는데 / 취하긴 바다가 취하고/ 성산포에서는/ 바다가 술에 더 약하다

— 이생진 「술 취한 바다」 전문

물의 속성은 부드러운 여성의 기질을 지니고 있다. 육지를 남성이라고 비유하면 바다는 여성에 비유된다. 끊임없이 취해서(?) 움직이는 바다는 술에 약하다. 바람에 쉽게 흔들리는 바다는 술에 약하다. 아니 바람에 약하다.

4. 해산물을 노래한 해양시

뭍(육지) 사람들에게 있어서 '바다'나 '섬'은 한 번쯤 가봐야 하는 관광지이거나 혹은 휴양지이다. 잠시 잠깐 머물다가

가는 섬은 어떤 섬이라도 아름답지 않을 수 없다. 그러나 섬에 사는 주민들에게는 섬과 바다는 곧 삶의 터전이기에 낭만 따위는 사치에 불과하다. 삶의 질곡이 묻어나는 섬 생활은 육지에 사는 사람들이 생각하는 것보다 몇 곱절 힘이 든다. 섬 안쪽에 사는 사람들은 그저 썰물 때가 되면 바다에 나가 조개를 잡고 해산물을 채취하지만 어느 것 하나 힘이 들지 않는 것이 없다. 우리의 식탁에 오르는 해산물인 멍게, 해삼, 멸치, 고등어, 미역, 등등은 어부들이 목숨을 내걸고 바다에 나가 잡아오는 것이다.

> 굳어지기 전까지 저 딱딱한 것들은 물결이었다./ 파도와 해일이 쉬고 있는 바닷속/ 지느러미 물결 사이에 끼어/ 유유히 흘러 다니던 무수한 갈래의 길이었다.// 그물이 물결 속에서 멸치들을 떼어냈던 것이다.//(중략)
> 지금 젓가락 끝에 깍두기처럼 딱딱하게 집히는 이 멸치에는/ 두껍고 뻣뻣한 공기를 뚫고 흘러가는/ 바다가 있다 그 바다에는 아직도/ 지느러미가 있고 지느러미를 흔드는 물결이 있다./ 이 작은 물결이/ 지금도 멸치의 몸통을 뒤틀고 있는 이 작은 무늬가/ 파도를 만들고 해일을 부르고/ 고깃배를 부수고 그물을 찢었던 것이다.
>
> — 김기택 「멸치」에서

어부의 그물에 떼로 걸려들어 결국 밥상에 오른 멸치는 '두껍고 뻣뻣한 공기를 뚫고 흘러가는 바다가 있다/ 그 바다에는 아직도 지느러미가 있고 지느러미를 흔드는 물결이 있다.' 라고 노래한다. 사람들의 손에 잡힌 물고기들은 끝내 모든 것을 다 내주고 떠난다.

> 조개에도 나이테가 있다/ 파도를 품고 갯발을 파고드는 힘으로/ 조개는 나이를 먹는다/ 손톱으로 건드리면/ 이내 몸을 닫아버리는 쏜살같은 생/ 조개가 속살을/ 보여주지 않는 것은/ 끝내 흩어 버릴 파도가 있기 때문이다// 바다 끝으로 사라지는 통통배처럼/ 멀어졌다 다시 가까워지는 푸른 섬처럼/ 주둥이 꽉 다물고/오지게 나이만 먹고 있는/ 보드라운 조개!
>
> — 박경희 「조개」 전문

조개는 흔히 여성의 상징으로 불리워진다. 하지만 이 시의 경우 표면적으로는 단지 조개 자체가 처한 현실만을 노래하고 있는 듯 보인다. 주둥이 꽉 다물고 오지게 나이만 먹고 있는 보드라운 조개!'약간 상투적이지만 '손톱으로 건드리면 이내 몸을 닫아버리는, 쏜살같은 생/ 조개가 속살을 보여주지 않는 것은 끝내 흩어 버릴 파도가 있기 때문이다'를 보면 꽤 재미있다.

> 삼십여 년을/ 태안시장 한 귀퉁이 눌러 앉아/ 조개 까는 女子/ 갯물에 퉁퉁 불은 낙지 대가리 손가락으로/ 안 보고도 척척 잘도 깐다/ 조그만 조개칼 한 바퀴 돌리면/ 깜짝 놀란 조갯살 바르르 떨고/ 나비 같은 껍데기는 소복이 쌓인다// 조개 까듯 이놈의 세상 홀랑 까서/ 알맹이 껍데기 가려 놓으면 좀 좋겠냐고/ 까도 까도 고단한 삶을 탓하지만/ 조개칼 하나로 자식들 키우고 공부시켜/ 아무 걱정없는 줄 시장 사람들 다 안다.
>
> — 정낙추 「조개 까는 女子」 에서

섬에는 집집마다 갯바닥에서 잡아온 해산물을 손질하는 작업장이 있다. 세상에 조개 까는 일로 먹고사는 여자가 한

둘이 아니겠지만 '조개 까는 여자'는 이 작품을 통해 싱싱하게 다시 되살아났다.

> 노인은 눈을 감지 않고 있었다/ 편지함에서 떨어진 우편물처럼/ 마당 바깥쪽에 낮게 엎드린 노인은/ 왼팔의 극히 일부만을/ 파란 대문 안쪽에 들여놓은 채 싸늘하게 굳어져 있었다/ 노인의 오른팔에 쥐어진 검정봉지엔/ 비틀비틀 따라왔을 술병이 숨막힌 머리를 겨우 쳐들었다// 처마 밑에는 누군가 보내준 굴비 한 두름이/ 대문 틈 사이로 밀려지던 손가락을 지켜본 듯/ 놀란 입을 다물지 못하고 있었다/.(중략)
> 조기는 굴비가 되어도 눈을 감지 못한다// 석쇠에서조차 눈을 치켜뜨고/ 세상 조여 오던 그물을 온몸으로 기억해낸다
>
> — 박성우 「굴비」에서

조기를 말리면 굴비가 된다. 조기는 굴비가 되어서도 눈을 감지 못한다. 이 작품은 쓸쓸히 죽어간 한 노인의 죽음을 통해 소외된 농촌 실정을 상기시켜준다.

> 일찍부터 우리는 믿어왔다/ 우리가 하느님과 비슷하거나/ 하느님이 우리를 닮았으리라고/(중략)
> 아직도 우리는 모르고 있다/ 오른쪽과 왼쪽 또는 왼쪽과 오른쪽으로/ 결코 나눌 수 없는/ 도다리가 도대체 무엇을 닮았는지를
>
> — 김광규 「도다리를 먹으며」에서

광어나 도다리나 가자미과에 속한다. 광어는 1m자라지만 도다리는 50cm정도밖에 자라지 않아 양식을 하지 않는다. 두 눈이 좌측으로 쏠린 것은 광어이며, 두 눈이 우측으로 쏠

린 것은 도다리라고 한다(좌공우도). 도다리라는 평이한 소재를 통해 인간중심적 사고로 인해 고립된 인간 사회의 하나의 단면을 보여주고 있는 작품이다. 시인은 이분법적 사고의 폐쇄성을 날카로운 시선으로 비판하고 있다.

> 바다엔 소라/ 저만이 외롭답니다.// 큰 바다 기슭엔 온종일 소라/ 저만이 외롭답니다
>
> — 조병화 「소라」 전문

이 시를 읽으면 장콕토의 시 「내 귀는 소라껍질 파도소리를 그리워한다」가 생각난다. 소라는 무리 지어 살지 않고 단독생활을 한다. 밀물 때 바닷가로 밀려온 소라가 썰물이 되어 바다로 돌아갈 줄 몰라 홀로 남겨져 있다.

> 나는 소금이고 싶다./ 저 바닷물을 다 퍼 올려서/ 오뉴월 땡볕에/ 땡땡 여물은 소금이고 싶다.//(중략)
> 밤으로 먼 길을 쫓겨/ 발 부르터오는 자의 발가락에/ 진물을 거두어주는/ 할머니의 치마꼬리에 찬 약소금/ 나는 그 한 봉지의 소금이고 싶다// 어둠 속에서도 희게 빛나는 소금/ 바닷물을 감아올리는 사나이들의 팔뚝/ 그 신성한 노동 끝에/ 알알이 영그는/ 나는 흰 소금이고 싶다.
>
> — 송수권 「소금」에서

흔히 소금을 '바다의 눈물'이라고 한다. 소금은 바다에서 나는 '하얀 금'이다. 요즘 구운 소금이 포장되어 팔리는데 소금은 여러 가지 영양분이 살아있는 천일염이 가장 몸에 좋다고 한다. '밤으로 먼 길을 쫓겨/ 발 부르터오는 자의 발가락

에/ 진물을 거두어주는/ 할머니의 치마꼬리에 찬 약소금'에서처럼 시인은 많은 사람에게 도움이 되는 소금이 되고 싶어한다.

> 오래 소장하고 싶다면/ 이 책은 표지만 읽어야 한다/ 첫쪽을 쓰다가 고스란히 백지로 남겨둔/ 이 육신을 눈으로만 읽어야 한다/ 이면과 내지가 한 몸인 그를/ 몇 장 넘겨보기도 했지만/ 뒤집을 때마다 생살 타는 냄새가 나는/ 이 책은 너무 오래 읽어서는 안 된다/(중략)
> 슬쩍 넘기다 우연히 본/ 온 몸 빼곡히 쌓아둔 흰 종이들/ 그를 읽을 때는 그 백지마저 조심스레/ 젓가락으로 한장한장 넘겨 보아야한다/ 육신을 제본했던 스테이플러 같은 가시가/ 목구멍에 컥 걸리기도 하는/ 난해한 이 책은/ 붉은 혓바닥으로 받들어 읽어야 한다.
>
> — 이성목 「간고등어」에서

간고등어를 책의 표지로 비유한 것은 기발한 착상이다. 시인은 뒤집을 때마다 생살 타는 냄새가 나는 이 책(간고등어)은 너무 오래 읽어서는 안 된다. 석쇠 위에서 지글지글 익어가는 간고등어는 쉽게 부서지고 쉽게 헤져서 내밀한 구전을 다 읽지 못하게 되기 때문이다.

5. 맺는 말

바다는 물의 집합체로 지구상에 사는 모든 생명체의 에너지의 원천이며 근원이다. 해양문학에 등장하는 인물과 대상물들은 모두 바다라는 무대에 포함된다. 지금까지 우리 국문학사에 있어 해양문학은 단지 피상적 이해수준에 머무르고 있는 실정이다.

해양문학에 관한 구체적인 해석이나 이론 정립이 빈약한 편이다. 해양문학의 수준이나 인식을 새롭게 하기 위해서는 작가들의 정신작업의 폭을 넓혀야 한다. 삶의 터전으로서의 바다, 낭만으로서의 바다와 인간과 바다, 인간과 바다 생태계 등 다양하게 관계를 정립하여 점진적으로 해양 문학 작품 속에서 바다에 관한 내용들을 더 많이 다루어야 한다. 계간 '바다문학'과 반연간지 '해양과 문학'등 두 종류의 해양문학지가 해양문학 특유의 '소금기'에 절여진 '짠내'를 물씬 풍기며 많은 독자들을 파도가 넘실거리는 바다로 끌어들이기를 기대가 되며 아울러 향후 한국 문학의 발전에도 어떤 상승효과를 가져올지 지대한 관심거리가 아닐 수 없다.

21세기 최대의 관심사는 환경문제이다. 오존층의 파괴, 해수면의 증가, 엘리뇨 현상에 따른 기상이변은 인간의 삶 자체를 위협하고 있다. 문화충격으로 일컬어지는 21세기는 바다처럼 넓은 열린 사고가 요구된다. 이런 이유에서 앞으로 우리 인류는 바다를 그저 단순히 아름다운 풍경으로 여기며 단지 멀리서 바라만 보는 닫힌 사고에서 벗어나 바다만이 지닌 독특한 특징들을 보듬어 안고 한 차원 높은 에너지의 원천으로 개발하여야 할 것이며, 드넓은 바다를 새로운 삶의 터전으로 여기며 살아가야 할 것이다.

〈이 작품은 2010년 6월 16일(토) 계간 ≪문학사랑≫ 하계세미나 문학강연 발표작임〉

바다를 읽는 시간

남낙현 시집

발 행 일 | 2014년 3월 5일
지 은 이 | 남낙현
발 행 인 | 李憲錫
발 행 처 | 오늘의문학사
출판등록 | 제55호(1993년 6월 23일)

주 소 | 대전광역시 동구 삼성1동 125-6 한밭오피스텔 401호
전화번호 | (042)624-2980
팩시밀리 | (042)628-2983
홈페이지 | http://www.lito77.co.kr(홈페이지)
전자우편 | hs2980@hanmail.net

공 급 처 | 한국출판협동조합
주문전화 | (070)7119-1741~2
팩시밀리 | (031)944-8234~6

ISBN 978-89-5669-599-0
값 8,000원

* 잘못된 책은 바꾸어 드립니다.
* 지은이와 협의하여 인지는 생략합니다.
* 이 책은 전자책(교보문고)으로도 제작되었습니다.